NATIONAL GEOGRAPHIC

Peldaños

NATIVO-AMERICANOS DE LAS
GRANDES LLANURAS

GÉNERO Artículo de Estudios Sociales

Lee para descubrir cómo el caballo cambió la historia de los nativo-americanos.

CABALLOS

El pueblo lakota vive en las Grandes Llanuras. Esta foto se tomó en el año 1905, aproximadamente. Muestra a dos hombres a caballo con un sombrero hecho de plumas. Solo los hombres lakota poderosos usaban estos sombreros. Ganaban cada pluma cuando hacían acciones especiales.

por Joseph Markham

Si eres como la mayoría de los estadounidenses, un carro es parte de tu vida. Te lleva donde necesitas ir. Ayuda a tu familia a buscar alimentos, suministros y otras cosas que necesitan. ¿Alguna vez has pensado en cómo era la vida sin carros?

Los primeros nativo-americanos de las Grandes Llanuras no tenían carros. Tenían algo igualmente útil: el caballo. Cuando pensamos en los nativo-americanos, solemos imaginarlos a caballo. Pero, ¿sabías que el caballo no siempre fue parte de la vida en las Grandes Llanuras?

Los descendientes de los caballos que los españoles trajeron a Norteamérica se llaman mesteños. Esta manada salvaje de mesteños va a la carga a través de los desiertos de Utah.

DE FUERZA

Cuando los primeros nativo-americanos llegaron a las Grandes Llanuras, no había caballos. Viajaban a todos lados a pie o en canoas. Les tomaba mucho tiempo llegar de un lugar a otro, por lo tanto, no viajaban largas distancias.

Cuando los españoles llegaron a América durante el siglo XVI, traían caballos. Esto cambió la vida para los nativo-americanos de las Grandes Llanuras en casi todo sentido. En las siguientes páginas, observaremos cómo cambió su vida con los caballos.

Antes del caballo

Las personas siempre han vivido cerca de las masas de agua. Usan el agua para beber, lavar y viajar a otros lugares. Los primeros nativo-americanos tallaban canoas en troncos de árboles y viajaban en vías fluviales en estas canoas. A veces, tenían que pasar sobre la tierra entre los ríos y los lagos. Luego llevaban sus canoas sobre la cabeza.

Antes del caballo, a los nativo-americanos les tomaba mucho tiempo viajar a pie o en canoa a parajes de mercaderes. Les tomaba mucho tiempo llegar a estos lugares para comprar, vender e intercambiar sus bienes. Por lo general compartían las cosas que necesitaban con el resto de su tribu.

Los tiempos de viaje largos también mantenían a las personas cerca de casa. Antes del caballo, la mayoría de los habitantes de las Llanuras vivían en un solo lugar. Usaban la tierra y la hierba para construir casas que tenían una parte subterránea para mantenerla fresca en verano y cálida en invierno.

A veces, los nativo-americanos tenían que viajar distancias más largas. Entonces las tribus cargaban sus pertenencias en un *travois*, o tipo de trineo, y unos perros de servicio tiraban de ellos.

Muchos indígenas de las Llanuras vivían en casas hechas de tierra y hierba cuando no viajaban.

Un *travois* (que se muestra en el centro, abajo) es un marco de madera que parece un triángulo largo. Esta ilustración muestra a dos perros halando de un *travois* a través de las llanuras.

Después del caballo

Después de que se trajeron los caballos al área, el modo de vida de los nativo-americanos cambió para siempre. A caballo, podían llegar más lejos y desplazarse más rápido mientras se llevaban cargas mucho más pesadas. Con caballos, muchas tribus de las llanuras se convirtieron en **nómadas**. Se trasladaban de un lugar a otro, siguiendo a las manadas de búfalos. A finales de la primavera y el verano, los grupos de búfalos se detenían todos juntos para dar a luz y cuidar a las crías. En este momento, las tribus también dejaban de viajar y cazaban a las manadas de búfalos.

Muchas tribus de las Grandes Llanuras comenzaron a construir casas que se adaptaran a su nuevo estilo de vida nómada. Una cabaña no se podía trasladar de un lugar a otro fácilmente. Sin embargo, un **tipi**, o tienda hecha con pieles de animales, podía armarse y desarmarse. Los tipis también podían trasladarse fácilmente de un lugar a otro.

Los caballos les permitieron a los nativo-americanos viajar más. Con caballos, las tribus podían comerciar con más personas. Los caballos mismos también eran valiosos para intercambiarlos. Debido a esto, se convirtieron en un símbolo de estatus. Mientras más caballos tenía una tribu, más poderosa era.

Las mujeres solían estar a cargo de armar los tipis. Formaban una figura cónica con postes de madera delgados. Luego, envolvían el exterior del cono con grandes pieles de animales.

Una niña nativo-americana viaja en un *travois*. La niña va sentada en una plataforma que descansa entre dos postes que están adheridos al caballo de su madre.

Antes del caballo

El búfalo siempre había sido importante para las tribus de las Grandes Llanuras. Antes de que las personas tuvieran caballos, cazar búfalos era especialmente peligroso. Los búfalos deambulaban por las llanuras en manadas. Podían **desbandarse** por la más mínima razón y dañar todo a su paso. Los cazadores de las Llanuras usaban muchas técnicas de caza para aventajar a las manadas de búfalos.

Los búfalos no ven muy bien, por lo tanto, los nativo-americanos se disfrazaban vistiéndose con el cuero de un búfalo o la piel de otro animal sobre su cuerpo. Luego se acercaban a los búfalos a gatas y los atacaban con lanzas. O bien, sorprendían al búfalo y corrían tras ellos para hacer que se desbandaran y cayeran de acantilados. Los cazadores luego usaban a los búfalos como alimento y para hacer ropa y tipis. Desafortunadamente, estas técnicas de caza ponían en peligro a los cazadores.

Esta pintura describe cómo algunos cazadores pueden haber cazado a los búfalos. Usaban pieles de lobo como disfraz. Entonces podían acercarse lo suficiente al animal para atacarlo.

Después del caballo

Los caballos les permitieron a los cazadores de las Grandes Llanuras practicar los mismos métodos de caza, pero de maneras más rápidas y seguras. Los caballos podían correr tan rápido como un búfalo. A caballo, los cazadores estaban más protegidos del búfalo. Si era necesario, podían alejarse rápidamente a caballo para escapar. Además, los nativo-americanos que cabalgaban podían cubrir un área mayor y llevar más alimento y agua para las cacerías más largas.

Los búfalos pronto se convirtieron en el centro de la vida de los nativo-americanos de las Grandes Llanuras. También se convirtieron en la fuente más importante de riqueza. Los caballos hacían que fuera más fácil cazar búfalos. Pronto, las tribus tenían muchos cueros de búfalo para intercambiar por otros bienes. Sin embargo, cazar y comerciar a caballo traía nuevos riesgos. Las tribus a veces irrumpían, o entraban, en tierras que pertenecían a otra tribu, mientras cazaban o comerciaban. Si entraban ilegalmente, podían originarse conflictos.

Los cazadores usaban sus caballos para arrear a los búfalos hacia su campamento. Más cazadores esperaban allí para atacar al búfalo.

A caballo, los nativo-americanos podían emprender una rápida retirada si los búfalos daban la vuelta y salían en estampida.

Antes del caballo

Las tribus tenían tanto **aliados** como enemigos entre las otras tribus a lo largo de la historia. Antes del caballo, las tribus vecinas amistosas podían compartir información y las cosas que necesitaban para vivir. Sin embargo, a veces las tribus de un área luchaban por el alimento, el agua, los animales y el territorio.

Antes del caballo, los guerreros luchaban principalmente a pie. De vez en cuando, se originaban pequeñas luchas que terminaban rápido. Las luchas más grandes podían durar más. Muchas personas de ambos lados resultaban heridas o morían en el transcurso de las batallas.

Este dibujo de nativo-americanos del año 1833 muestra a un cacique mandan y un cacique cheyenne en combate mano a mano. Sus tribus eran enemigas acérrimas.

ALIADOS Y ENEMIGOS

Después del caballo

El caballo cambió la manera en la que las tribus hacían enemigos y aliados, y cómo entraban en guerra. Con los caballos, los nativo-americanos podían establecer relaciones con tribus lejanas. En la batalla, las tribus amigas podían llegar más lejos a caballo para ayudar a sus aliados. Como los caballos hacían que fuera tan fácil trasladarse, tenerlos le daba poder a una tribu. Como los caballos eran tan valiosos, a veces las tribus los robaban para debilitar a las tribus enemigas.

Los caballos les permitieron a los nativo-americanos conocer nuevos aliados y comerciar con ellos. Por ejemplo, los nativo-americanos podían cabalgar a nuevos asentamientos europeos. Los europeos pagaban bien por sus cueros de búfalo. Los europeos vendían armas a los nativo-americanos, que hacían que las tribus fueran más efectivas como guerreros y cazadores. La libertad de movimiento que los caballos les brindaron a los pueblos de las llanuras crearon estas nuevas relaciones y acuerdos comerciales.

Hombres de la tribu cuervo y otros nativo-americanos intercambian bienes.

Los caballos hacían muchas de las mismas tareas que los perros. Algunos nativo-americanos llamaban "perros grandes" a los caballos. No tenían una palabra para denominar a los *caballos* en sus idiomas.

Compruébalo ¿Cómo cambiaron los caballos la manera en la que vivían los nativo-americanos de las Grandes Llanuras?

Cómo apareció el caballo

relato de Sherri Patoka   ilustraciones de Amanda Hall

Los cuentos de los nativo-americanos como este suelen incluir la **persecución de una visión**. Durante la persecución de una visión, una persona acude a un espíritu guardián para preguntarle qué hacer. Este cuento habla de un niño que obtiene la ayuda de un espíritu y también muestra la importancia que tenían los caballos para los nativo-americanos de las Grandes Llanuras.

Los pie negro fueron una de las primeras naciones de nativo-americanos que se trasladaron al oeste y se establecieron en las Grandes Llanuras. Se convirtieron en hábiles cazadores de búfalos. Cuando el pueblo pie negro tuvo sus primeros caballos, esto originó una enorme diferencia en su vida. Este cuento popular pie negro es un relato del pasado que muchos conocen. Léelo para descubrir cómo llegó el caballo a estos nativo-americanos.

Hace muchos años, un huérfano llamado Flecha Larga vivía entre los pie negro porque sus padres habían muerto. Flecha Larga provenía de una tribu diferente, por lo tanto, no se sentía integrado. Siempre buscaba maneras de mejorar su vida. Decidió ir en busca del secreto de la felicidad y la fortaleza. Oró, pero sus oraciones no recibieron respuesta. Luego, dejó de comer varios días porque esperaba que su hambre le diera una visión de qué hacer. No obstante, no encontró respuestas, así que se dirigió a las llanuras para buscar una señal.

Las llanuras parecían infinitas. Pero Flecha Larga estaba muy enojado, no podía ver la belleza de la tierra. Cansado, desesperanzado y sin saber qué más hacer, se detuvo junto a un lago a llorar.

Flecha Larga no lo sabía, pero un Espíritu del Agua muy antiguo y poderoso vivía en ese lago. El Espíritu del Agua se sintió triste por el niño, así que envió a su propio hijo a buscarlo. —Ve, hijo mío —dijo—, y trae ante mí a este niño que llora—. Así que el hijo del Espíritu del Agua nadó hasta la superficie del lago y saludó al niño.

—¿Quién eres y qué quieres? —preguntó Flecha Larga sorprendido.

—Rápido, acompáñame —respondió el hijo del Espíritu del Agua—. Te llevaré a ver a mi padre, el Espíritu del Agua. Sostente de mis hombros y mantén los ojos cerrados. No los abras hasta que te diga.

Flecha Larga se sostuvo con fuerza de los hombros del otro niño y cerró los ojos, y el hijo del Espíritu del Agua se sumergió en las profundidades del lago. Mientras nadaban, el niño le susurró algunos consejos a Flecha Larga. —Mi padre te preguntará qué animal del lago quieres. Elige la pata vieja y sus patitos—. Aunque estaba confundido por este consejo, Flecha Larga asintió con la cabeza.

Justo en ese momento, Flecha Larga y su guía llegaron junto al Espíritu del Agua.

—Ahora puedes abrir los ojos —dijo el hijo. Cuando Flecha Larga lo hizo, vio a un hombre muy viejo con pelo largo blanco.

—¿Por qué lloras, niño? —le preguntó el Espíritu del Agua.

—No he tenido más que mala suerte —respondió Flecha Larga—. He venido en busca de poderes especiales que me ayuden a abrirme paso en el mundo.

—Te ayudaré con gusto —dijo el Espíritu del Agua—. Los animales que viven en este lago son míos. ¿Qué animal quieres?

De inmediato, Flecha Larga respondió: —La pata vieja y sus patitos.

—¡Esa pata es muy vieja! ¿Por qué no eliges otro animal? —preguntó el Espíritu del Agua.

El Espíritu del Agua intentó cuatro veces que Flecha Larga cambiara de parecer, pero cada vez, la respuesta de Flecha Larga era la misma: —Me llevaré a la pata vieja y sus patitos.

Finalmente, el Espíritu del Agua sonrió y dijo: —Después de que anochezca, mi hijo atrapará a la pata para ti. Luego, debes llevar a la pata y sus patitos y alejarte sin mirar hacia atrás.

Esa noche, el hijo del Espíritu del Agua atrapó a la pata. Después de atar un trocito de hierba trenzada alrededor del cuello de la pata como correa, le entregó la correa a Flecha Larga y le dijo: —No debes mirar hacia atrás hasta el amanecer—. Flecha Larga se alejó caminando en la oscuridad, escuchando el sonido de las alas de los animales que aleteaban detrás de él.

Flecha Larga caminó toda la noche. Pronto, no oía graznar o aletear a los patos, pero no miró hacia atrás. Luego comenzó a oír un pesado "clomp-clomp" detrás de sí, pero aún así no miró hacia atrás. Después, la hierba trenzada se convirtió en una cuerda gruesa en sus manos, pero el niño no miró hacia atrás.

Finalmente, cuando el sol comenzó a salir, Flecha Larga se dio vuelta. Allí, en el otro extremo de la cuerda, no había un pato, ¡sino un caballo alto y fuerte! Volvió cabalgando al campamento pie negro. Cuando llegó a casa, oyó que muchos caballos galopaban detrás de él.

Al principio, su pueblo se sorprendió y se asustó con las extrañas bestias. Llamaron a los caballos "alces perros", porque eran muy grandes. Aunque Flecha Larga le dio a cada pie negro un caballo, muchos otros se quedaron sueltos para correr por las llanuras.

Los pie negro aprendieron a cabalgar y a usar los caballos para arrastrar y llevar sus pertenencias. Era mucho más fácil cruzar ríos con caballos. También era más fácil encontrar manadas de búfalos, perseguirlos y cazarlos. Las personas estaban fascinadas con los caballos y con Flecha Larga.

Cuando creció, los pie negro eligieron a Flecha Larga como cacique, debido al maravilloso regalo que les había traído. La suerte del niño huérfano finalmente había cambiado.

Compruébalo ¿Qué regla tuvo que seguir Flecha Larga una vez que aceptó el regalo del Espíritu del Agua?

Caballo Loco

por Jennifer A. Smith

Un guerrero de las Colinas Negras

Dicen que algunos hombres y mujeres nacen para ser grandiosos. Se comenzó a contar cuentos sobre la valentía del cacique lakota Caballo Loco cuando aún era niño. Decían que había matado a su primer búfalo cuando tenía 12 años. A los 16 años, salvó a un amigo en una batalla con otra tribu. Mientras las flechas volaban por el aire, Caballo Loco saltó de su caballo para poner a salvo a su amigo. Juntos, se alejaron cabalgando ilesos. De joven, Caballo Loco mostró signos de ser un gran guerrero y líder.

Caballo Loco nació en el año 1842, aproximadamente, en las Colinas Negras de lo que en la actualidad es Dakota del Sur. Las Colinas Negras siempre han sido una tierra **sagrada** para la tribu lakota, lo que significa que los lakota cuidan mucho la tierra y la respetan. Caballo Loco creció apreciando la importancia de esta tierra para su familia y su pueblo. Era la tierra en la que habían vivido, luchado y muerto los lakota durante muchos años. Su amor por su tierra hacía que fuera valiente. Por lo tanto, lucharía para defenderla.

◀ Las Colinas Negras se ubican en Dakota del Sur y Wyoming. Son una pequeña cordillera que se eleva sobre las Grandes Llanuras occidentales.

La Batalla de Little Bighorn

Aunque los nativo-americanos ya vivían en gran parte de la tierra al oeste, muchos colonos fueron a establecerse allí. Los colonos araron la tierra y cavaron las montañas en busca de metales y piedras preciosas. Con el tiempo, los nativo-americanos y los colonos comenzaron a luchar. El gobierno de los EE. UU. terminó algunos de los conflictos con **tratados**, o acuerdos especiales. Gran parte de las veces, sin embargo, los tratados se ignoraron. Los nativo-americanos y los colonos comenzaron a luchar de nuevo.

En el año 1874, el teniente coronel George A. Custer condujo a soldados del Ejército de los EE. UU. a la tierra de Caballo Loco para encontrar oro. Otras personas creyeron que también podían hacerse ricas si encontraban oro. Fueron a toda prisa y se establecieron en la tierra durante lo que se llamó la **fiebre del oro**. A medida que llegaban más colonos, las tensiones continuaban creciendo entre los nativo-americanos y

El artista William Herbert Dunton creó esta pintura. Quería mostrar cómo imaginaba la acción en la Batalla de Little Bighorn.

los colonos. Dos años después, el gobierno ordenó a los nativo-americanos del área que abandonaran su tierra y se mudaran a **reservas**.

Algunos grupos aceptaron mudarse, pero otros se unieron y se negaron. Los caciques como Caballo Loco, Toro Sentado y Pequeño Gran Hombre no se retirarían. Caballo Loco organizó a 1,200 guerreros para detener a los soldados que venían a obligarlos a mudarse. ¡Funcionó! Una semana después, unos 1,500 nativo-americanos ganaron una batalla contra unos 650 soldados liderados por Custer. Custer y todas las tropas que lideraba en persona estuvieron entre los más de 200 soldados estadounidenses que murieron.

El combate se conoce como la Batalla de Little Bighorn, por un río cercano. También se conoce como "El último combate de Custer".

Custer no se iba a rendir sin luchar. Como no se dio cuenta de lo grande y poderoso que era el grupo de nativo-americanos, Custer y sus hombres murieron en la batalla. Al poco tiempo, el gobierno de los EE. UU. obligó a Caballo Loco a rendirse ante ellos. Murió en un combate con soldados poco más de un año después de su gran victoria.

> El teniente coronel George A. Custer cometió graves errores durante la Batalla de Little Bighorn. Subestimó el poder de los nativo-americanos.

Mi tierra está donde están enterrados mis muertos.

—CACIQUE CABALLO LOCO

∧ Esta enorme escultura del rostro de Caballo Loco se talló con cinceles y dinamita. Es parte de una escultura inconclusa más grande que se muestra abajo a la derecha.

« Este modelo muestra a los visitantes cuál será el aspecto de la escultura de arriba cuando esté terminada.

El legado de Caballo Loco

Se recuerda a Caballo Loco como uno de los principales líderes nativo-americanos de la historia. Luchó para conservar las tierras de su pueblo, pero desafortunadamente, los lakota perdieron. En la actualidad, los lakota viven en reservas que cubren solo una pequeña parte de sus tierras sagradas.

En el año 1980, la Corte Suprema de los EE. UU. estableció que el gobierno de los EE. UU. no tenía el derecho de tomar la tierra de los lakota. Aunque la Corte le pidió al gobierno que pagara a los lakota por la tierra, los lakota no aceptaron el dinero. Sentían que si lo aceptaban, estarían aceptando vender la tierra. Muchos lakotas en las reservas del área siguen luchando hoy en día para que les devuelvan sus tierras. El espíritu de Caballo Loco continúa viviendo en estas personas que dicen que nunca renunciarán a su tierra.

Para celebrar los logros de Caballo Loco, un artista y un cacique lakota recaudaron dinero para tallar el Monumento de Caballo Loco en una montaña rocosa en las Colinas Negras. Cuando la terminen, esta enorme escultura será la talla más grande del mundo en una montaña.

EL CURANDERO LAKOTA ALCE NEGRO RECORDABA ASÍ A CABALLO LOCO

Las personas encontraban [a Caballo Loco] solo en el frío, y le pedían que fuera con ellos a su casa. No iba, pero a veces les decía qué debían hacer. Las personas se preguntaban si comía algo. Una vez mi padre lo encontró solo de esa manera, y le dijo a mi padre: "Tío, me has observado, de la manera en la que actúo. Pero no te preocupes; hay cuevas y agujeros donde puedo vivir, y allí los espíritus quizá me ayuden. Estoy haciendo planes para el bien de mi pueblo".

Compruébalo ¿Por qué el gobierno de los EE. UU. obligó a Caballo Loco y a su pueblo a mudarse a reservas?

GÉNERO Artículo de Estudios Sociales

Lee para descubrir por qué los búfalos son importantes para los nativo-americanos de las Grandes Llanuras.

El poderoso búfalo

por Jennifer A. Smith

El búfalo es el mamífero terrestre más pesado de Norteamérica.

Una situación delicada

Si encuentras un búfalo en un parque nacional, ¡ten cuidado! Un toro, o búfalo macho, es más alto que el hombre promedio y pesa aproximadamente 1,800 libras. Tiene una vista deficiente, así que quizá no te vea. Eso puede ser algo bueno, realmente es preferible no sorprenderlo.

Después de su tamaño, lo segundo que puedes notar del búfalo (también conocido como bisonte), es el pelaje grueso de su melena y barba. Si acaricias a un búfalo, sentirás el pelaje largo y áspero y el pelaje lanoso y más corto. Un búfalo tiene pelos de dos longitudes para mantenerse fresco en el verano y abrigado en el invierno. Su pelaje lo protege de manera tan efectiva en el invierno, que la nieve se adhiere a él. El búfalo simplemente se sacude la nieve antes de que se derrita y le enfríe la piel.

Los cuernos y las pezuñas de un búfalo parecen peligrosos. Pero los búfalos solo son peligrosos si se sienten amenazados. Si observas de lejos cómo comen plantas junto a los ríos de las Grandes Llanuras o se refrescan en el lodo, verás que los búfalos son gigantes dóciles.

Antiguamente, muchos millones de búfalos deambulaban por el oeste estadounidense. Había tantos, que el sonido de sus pezuñas en la tierra les dio el apodo de "trueno de las llanuras". Luego, a mediados del siglo XIX, muchos cazadores llegaron al Oeste en ferrocarriles recién terminados. Venían a cazar a los enormes y rápidos animales para divertirse. A veces incluso les disparaban mientras iban en tren. Los colonos también mataban a los búfalos para alimentarse, y los comerciantes vendían carne y cuero de búfalo. Como resultado, se mató a millones de estos gigantes dóciles. Finalmente, solo quedaron unos cuantos cientos de búfalos. Llegaron casi a la **extinción**.

Recuerdos de los búfalos

Las tribus de las Llanuras estaban heridas por la pérdida del búfalo. Usaban al animal para satisfacer todas sus necesidades de vestimenta, alimento e incluso refugio. Para ellos, tener búfalos significaba estar cómodos y tener todo lo que necesitaban. Los pueblos de las Llanuras incluso realizaban **rituales**, o ceremonias sagradas, sobre el búfalo.

Por ejemplo, los pueblos de las Llanuras solían realizar una Danza del Búfalo al comienzo de la temporada de caza. Esperaban que la danza ayudara a los cazadores a encontrar las manadas. En esta danza, los bailarines se pintaban y se disfrazaban con cueros de búfalo. Los bailarines se movían como búfalos para honrarlos. Este era un ritual importante que demostraba respeto por el animal.

Aunque los colonos estadounidenses también mataban muchos búfalos, el gobierno de los EE. UU. no intentó detenerlos. Se podía obligar a los nativo-americanos a mudarse a reservas más fácilmente si ya no tenían búfalos que cazar. Sin los búfalos, los pueblos de las Llanuras no tenían manera de satisfacer sus necesidades. No podían comerciar cuero y pelaje de búfalo por bienes importantes, como armas. Sin armas, era más difícil para los pueblos de las Llanuras cazar búfalos o defenderse. Sin búfalos, tampoco había alimento. Al ser incapaces de satisfacer sus necesidades, los pueblos de las Llanuras se dieron por vencidos y se mudaron a las reservas.

La última cacería de búfalos para muchas tribus de las Llanuras se realizó en el año 1883. Después de eso, no había suficientes búfalos que cazar.

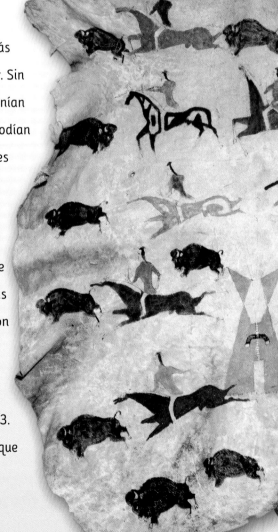

Los nativo-americanos de las Grandes Llanuras hacían zapatos con el cuero de los animales. Este par está hecho de búfalo.

Las túnicas de búfalo mantenían abrigadas a las personas durante los helados inviernos en las llanuras.

Los nativos de las Llanuras solían registrar sucesos importantes pintando cueros de búfalos. Este cuero pintado describe una danza después de una cacería exitosa.

Los espectáculos del Lejano Oeste de Búfalo Bill

William F. Cody presentó el búfalo a los estadounidenses que no vivían en las Grandes Llanuras. Obtuvo su apodo "Búfalo Bill" por ganar una competencia de caza de búfalos. En solo dos años, Cody mató más de 4,200 búfalos sin ayuda. En esa época, Cody trabajaba para una compañía ferroviaria. El equipo de Cody colocaba vías de ferrocarril de metal a través de las llanuras. Su trabajo era cocinar comidas para todos. Cazar búfalos era la mejor manera de alimentar a todos esos hombres.

En el año 1883, Búfalo Bill armó su primer espectáculo del Lejano Oeste. Los actores de sus espectáculos interpretaban personajes como vaqueros y nativo-americanos y representaban la vida en el Lejano Oeste. El espectáculo de Búfalo Bill recorrió los Estados Unidos y Europa durante 30 años. El público disfrutaba observar cuando los actores simulaban que cazaban búfalos. Aunque Búfalo Bill se hizo famoso por matar búfalos, fueron sus espectáculos del Lejano Oeste los que hicieron que los estadounidenses vieran que el búfalo estaba realmente cerca de la extinción.

Los nativo-americanos eran una parte importante del espectáculo del Lejano Oeste de Búfalo Bill. Sin embargo, tenían que recrear y perder una batalla con soldados del "Ejército de los EE. UU." cada noche.

El espectáculo del Lejano Oeste de Búfalo Bill brindaba un vistazo a la vida en el oeste estadounidense para toda la familia. Era un espectáculo popular en los Estados Unidos y Europa.

Antes de comenzar sus propios espectáculos del Lejano Oeste, Búfalo Bill Cody participaba en una cacería de búfalos fingida para los turistas en las Cataratas del Niágara.

El parque estatal Custer está en las Colinas Negras de Dakota del Sur. Los búfalos aquí están protegidos y se los cuida con atención para que estén sanos.

El regreso del búfalo

Gracias a los **conservacionistas**, el búfalo ya no se está extinguiendo. A partir del año 1900, personas preocupadas comenzaron a trabajar para preservar, o proteger, los recursos naturales de la nación. Este trabajo incluía salvar al búfalo. Los conservacionistas pidieron a los ganaderos que aceptaran criar manadas de búfalos. Los ganaderos criaron búfalos para vender su carne y vendérselos a otros ganaderos. Algunos de los búfalos de los ganaderos se enviaron a vivir en tierra protegida.

En el año 1908, un territorio en Montana se destinó a los búfalos. Este tipo de territorio donde ya no se caza a los animales se llama **refugio**. La Pradera Nacional de los Bisontes es uno de los refugios de fauna más antiguos de los Estados Unidos. Alberga hasta 500 búfalos.

Otro proyecto efectivo para salvar al búfalo comenzó en el Parque Nacional Yellowstone. Como primer parque nacional, Yellowstone es el único lugar del país donde los búfalos han vivido siempre desde épocas prehistóricas. Aproximadamente 3,000 búfalos viven allí, el número más grande de búfalos que viven en tierras públicas. Letreros en todo el parque advierten a los visitantes que se mantengan al menos a 25 yardas de los búfalos.

Nunca más millones de búfalos deambularán por las Grandes Llanuras. Sin embargo, el arduo trabajo del gobierno, los conservacionistas y los ganaderos han salvado al búfalo de la extinción.

Compruébalo   ¿Por qué el búfalo era importante para los nativo-americanos?

Comenta

1. ¿Qué conexiones puedes establecer entre los cuatro artículos de este libro? ¿Cómo crees que se relacionan las selecciones?

2. ¿Cómo muestra el cuento popular de Flecha Larga la importancia del caballo para el pueblo pie negro?

3. ¿Por qué crees que los estadounidenses recuerdan todavía al cacique Caballo Loco?

4. ¿Crees que Búfalo Bill era más amigo o enemigo del búfalo? ¿Por qué? Apoya tu opinión.

5. ¿Qué más te gustaría saber sobre los nativo-americanos de las Grandes Llanuras y los problemas y sucesos que fueron importantes en su historia?